Ein paar Worte zum Anfang

Vor einigen hundert Jahren herrschte in der Hafenstadt Greifswald an der Ostsee eine schlimme Hungersnot. Nach einer Legende ließ Gott zur Rettung einen dicken fetten Wal im Hafen anschwimmen, und die Leute hatten endlich wieder genug zu essen. Zur Erinnerung und aus Dankbarkeit malten die Menschen diesen Wal an die Wand ihrer Nikolaikirche. Man kann dieses Kunstwerk noch heute bewundern. Aber ist es denn überhaupt ein Kunstwerk?

Auf alle Fälle hat der Wal eine schöne Form und man sieht, was gemeint ist. Er ist so gut gemalt, wie es die Leute eben konnten, und doch so eindrucksvoll, daß das Bild über Jahrhunderte erhalten blieb. Solch einen Wal – oder einen ähnlichen – kannst du sicherlich auch zeichnen – und viele andere Dinge ebenso. Probiere einfach einmal aus, mit dem Bleistift das aufs Papier zu bringen, was du siehst, was du erlebst oder was dich beeindruckt. Vielleicht haben Geschwister, Eltern oder Freunde auch Spaß daran, mitzumachen, besonders wenn es draußen kalt ist oder regnet.

Man kann sich auch gut am Abend zusammensetzen, wenn man es endlich schafft, den Fernseher nicht einzuschalten. Du wirst sehen, daß du mehr zustande bringst als du dir zugetraut hast. Wenn du nun etwas aufgezeichnet hast, nimmst du eine Schere zur Hand und schneidest es aus – und schon ist der Anfang zum Scherenschnitt gemacht. Weil aber sicherlich nicht immer alles ohne weiteres so klappt wie du es willst, werden wir gemeinsam Schritt-für-Schritt mit diesem Buch die wichtigsten Dinge lernen, um schöne Scherenschnitte zustande zu bringen. Es handelt sich dabei nur um gewisse technische Kniffe. Alles andere, was die Form der Bilder angeht, machst du sicherlich schon gut, denn es gibt kein Richtig und kein Falsch, wenn du einfach darstellst, was dir gefällt. Du willst und sollst ja deine Vorstellung verwirklichen und nicht einfach nur Bestehendes durch Abpausen vervielfältigen. Es ist immer besser, etwas Neues zu erschaffen.

Auf deine eigenen Ideen kommt es an! So wie jeder seine eigene Stimme, Bewegungen oder sonstige Eigenarten hat, so drückt sich auch jeder ganz persönlich in dem aus, was er gestaltet. Deshalb kannst du mit Zuversicht und Freude ans Werk gehen.

An dieser Stelle darf ich nicht versäumen, mich bei allen Kindern zu bedanken, die mir bei der Arbeit am Buch geholfen haben und deren Bilder sich überall wiederfinden. Es handelt sich um Annemarie (11 Jahre), Janine (5 Jahre), Johanna (11 Jahre), Johannes (10 Jahre), Julia (5 Jahre), Kristin (8 Jahre), Michael (11 Jahre) und Pia (10 Jahre). Hoffentlich wurde niemand vergessen.

Marianne Brüssing

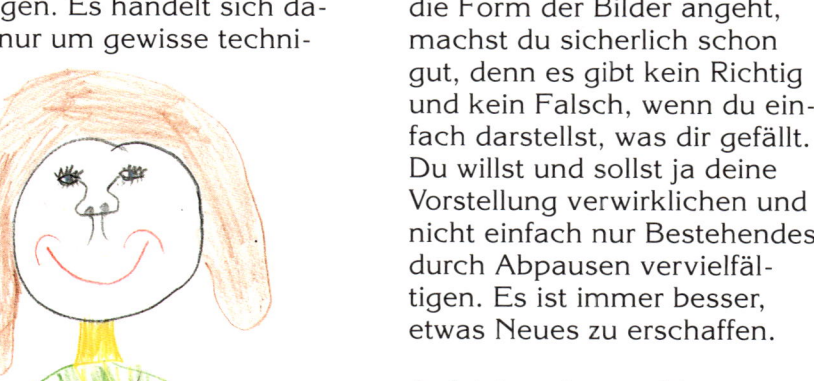

KRISTIN 8 JAHRE

Johannes 10 Jahre

Pia 10 Jahre

Marianne Brüssing

Kinderleichte Scherenschnitte

Schritt-für-Schritt-Anleitungen

Vorlagen in Originalgröße

Augustus Verlag

4

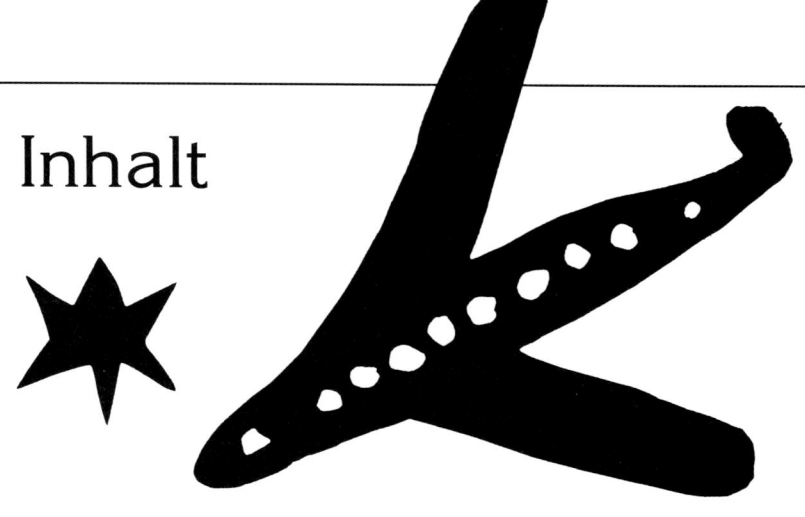

Die Deutsche Bibliothek –
CIP-Einheitsaufnahme
Brüssing, Marianne:
Kinderleichte Scherenschnitte: Schritt-
für-Schritt-Anleitungen; Vorlagen in
Originalgröße / Marianne Brüssing.
– Augsburg: Augustus-Verl., 1994
ISBN 3-8043-0256-4
NE: HST

Fotografie: Heinz Brüssing, Petersberg
Lektorat: Manfred Braun
Umschlaggestaltung: Christa Manner,
München, unter Verwendung eines Fotos
von Heinz Brüssing
Layout: Anton Walter, Gundelfingen

AUGUSTUS VERLAG AUGSBURG 1994
© Weltbild-Verlag GmbH, Augsburg
Satz: 11 Punkt Korinna Regular
bei Walter Werbegrafik, Gundelfingen
Reproduktion: Color-Line, I-Verona
Druck und Bindung: Appl, Wemding
Gedruckt auf 120 g umweltfreundlich
elementar chlorfrei gebleichtes Papier.
ISBN 3-8043-0256-4
Printed in Germany

Inhalt

Kann ich denn so gut zeichnen wie ein richtiger Künstler?

Daß es nicht nur auf naturgetreues und sog. »richtiges« Aussehen ankommt, kannst du an vielen alten und neuen Kunstwerken aus aller Welt, in Bildern und an Gegenständen feststellen. Überall findest du Darstellungen, die einfach gefallen, weil sie ansprechend und schön sind.

An einem Beispiel will ich zeigen, was ich damit meine. Diese ausgefallene Maske wurde liebevoll von einem unbekannten Afrikaner geschnitzt. Kannst du den Kopf eines Tieres erkennen oder gar, welches Tier es ist? Niemand kann es genau sagen. Es scheint eine Art Antilope zu sein. Aber das ist doch einerlei. Die wichtigsten Merkmale eines Tieres, das in Afrika lebt, sind gut getroffen: das Gehörn, die Form des Nackens und die schlanke Schnauze. Auch Mähne und Schwanz sind auszumachen. Gliederung und die Verzierung entsprechen aber nicht dem natürlichen Vorbild, doch geben sie der Plastik einen ganz eigenen Ausdruck, so daß nicht nur ihr Schöpfer, sondern auch jeder Betrachter seine Freude daran hat. Und das ist das Wichtigste – die Freude, die man selbst beim Erschaffen hat und die man weitergibt. Dazu ist jeder auf seine Weise in der Lage.

Kannst du hier ein Tier erkennen? Kopf, Schnauze, Gehörn oder Mähne? Es ist kein Scherenschnitt, schaut aber fast wie einer aus.

Wie sehen denn Scherenschnitte von anderen Kindern aus?

Ich sage einfach: toll, und deshalb habe ich gleich ein paar an den Anfang dieses Buches gestellt. Sie sind von Kindern im Alter von 4 bis 8 Jahren. Es sind alles Tiere, die ähnlich aussehen wie der Wal in der Nikolaikirche in Greifswald. Alle Kinder haben zuerst einmal die Umrisse aufgezeichnet und dann Scherenschnitte daraus gemacht.

Das Kätzchen ist von Janine. Sie saß an ihrem Kindertisch im Spielzimmer und baute mit

Legos. Da sah sie auf einmal im Garten eine kleine Katze, die so niedliche Sprünge machte und ganz freundlich aussah. Das wurde dann gleich von Janine gezeichnet und ausgeschnitten.

Der winzige Hund ist von einem unbekannten Kind. Auf einer langen Bahnfahrt saß mir ein kleines Mädchen gegenüber, das in einem Bilderbuch blätterte. Nach einiger Zeit legte es das Buch beiseite und schaute mir zu, wie ich mit meiner Schere hantierte. Ich fragte, ob sie auch einmal einen Scherenschnitt probieren wolle. Sie gab mir keine Antwort, aber ihr Blick ließ doch spüren, daß sie Lust hatte. Ich dachte zuerst, sie sei schüchtern und reichte ihr Papier, Bleistift und Schere. Ich wollte ihr einige Anregungen geben und ein bißchen etwas er-

klären. Da mischte sich jedoch die Mutter ein und erzählte mir, daß das Kind weder sprechen noch hören kann. Ich durfte nun erfahren, wie schön es für einen Menschen sein kann, sich mit Papier und Schere auszudrücken. Wir haben dann gemeinsam die noch verbleibende Strecke »gearbeitet«. Das Mädchen war glücklich über seine Ergebnisse und hat sie natürlich auch alle mitgenommen. Nur eines habe ich mir erbettelt: Es ist der winzige Hund, den ihr hier seht. Das Mädchen war gerade 8 Jahre alt.

Den kleinen Vogel mit dem spitzen Schnabel hat Kathi gemacht. Sie hatte ihn am Futterhäuschen beobachtet.

Den gewaltigen Saurier hat
der vierjährige Andreas gezeichnet. Ausgeschnitten hat ihn
seine achtjährige Freundin.

Daniela (6 Jahre) hat den
langohrigen Osterhasen so-
wohl gezeichnet als auch
geschnitten. Sicher hat sie
deshalb auch etwas Beson-
deres im Osternest gefunden.
Vielleicht eine gute Scheren-
schnittschere?

Dieser stachelige Dino ist
ebenfalls von einem Sechs-
jährigen.

Alles sind erste Schneide-
arbeiten. Ist das nicht ein toller
Erfolg? Den könnt ihr auch
haben.

Kleiner Exkurs
für Eltern und Pädagogen

Wie sieht ein richtiger Scherenschnitt aus?

Dem klassischen Scherenschnitt begegnet man immer als schwarzem Schatten auf weißem Untergrund. Personen und meistens auch Gegenstände werden im Profil gezeigt und stehen nebeneinander.

Sie überscheiden sich im allgemeinen nicht, um Unklarheiten zu vermeiden. Dennoch muß so gearbeitet werden, daß alles zusammenhängend aus einem einzigen Stück Papier besteht. Man muß also den kompletten Scherenschnitt an einer Ecke hochhalten können, ohne daß das ganze Bildwerk zerfällt.

Richtige Scherenschnitte hängen mit allen Teilen aneinander.

Kinder müssen nicht sofort an den klassischen Scherenschnitt herangehen. Er erscheint ihnen anfangs viel zu eintönig. Sie sehen zeichnerisch. »Das Kind ist ja so nackend sonst«, meinte die kleine Janine und malte bei einem Weißschnitt Gesicht und Kleider bunt an.

Kinder merken aber sehr bald, worauf es beim Scherenschnitt ankommt und finden schnell Freude an der Vereinfachung der Formen. Die Erkenntnis, daß alles »Hineingezeichnete« beim Schwarzschnitt nutzlos ist, kommt ganz von selbst.

Zur Belebung und Anregung läßt man sie deshalb zuerst einzelne Figuren wie Bäume oder Häuser ausschneiden, die mit dem Buntstift verziert werden dürfen. Das bringt Übung im Umgang mit der Schere.

Man kann ruhig Anregung geben und Mut machen, indem man gemeinsam die Werke großer Künstler betrachtet und daran nachweist, daß auch die großen »Könner« oft ganz einfach und nicht immer naturalistisch »richtig« gearbeitet haben. Sie haben alle ihre eigene Aussage, die sich auch Kinder erlauben dürfen.

Kinder haben am Anfang Mühe »klassische Scherenschnitte« aus einem Stück zu schaffen. Sie haben aber bereits viel Spaß, wenn sie als Vorübung Einzelschnitte machen, sie bemalen und dann zu Bildern zusammenstellen.

Wo arbeitet es sich am besten?

Im Grunde kann überall gearbeitet werden, am besten aber an einem möglichst großen Tisch, wo es schön hell ist und du deine Augen nicht überanstrengen mußt. Bei gutem Wetter ist es sogar möglich, auf der Terrasse oder im Garten zu schneiden. Du mußt nur acht geben, wenn es windig ist, damit nichts wegfliegt. Am günstigsten ist ein Platz am Fenster, wo du aber natürlich nicht mit dem Rücken zum Fenster sitzen darfst, da du dir sonst das Licht wegnimmst.

Bei trübem Wetter oder abends stellst du am besten eine Steh- oder Tischlampe so auf, daß dein Platz schön gleichmäßig beleuchtet ist und die Lampe dich nicht blendet.

Welche Werkzeuge brauchst du?

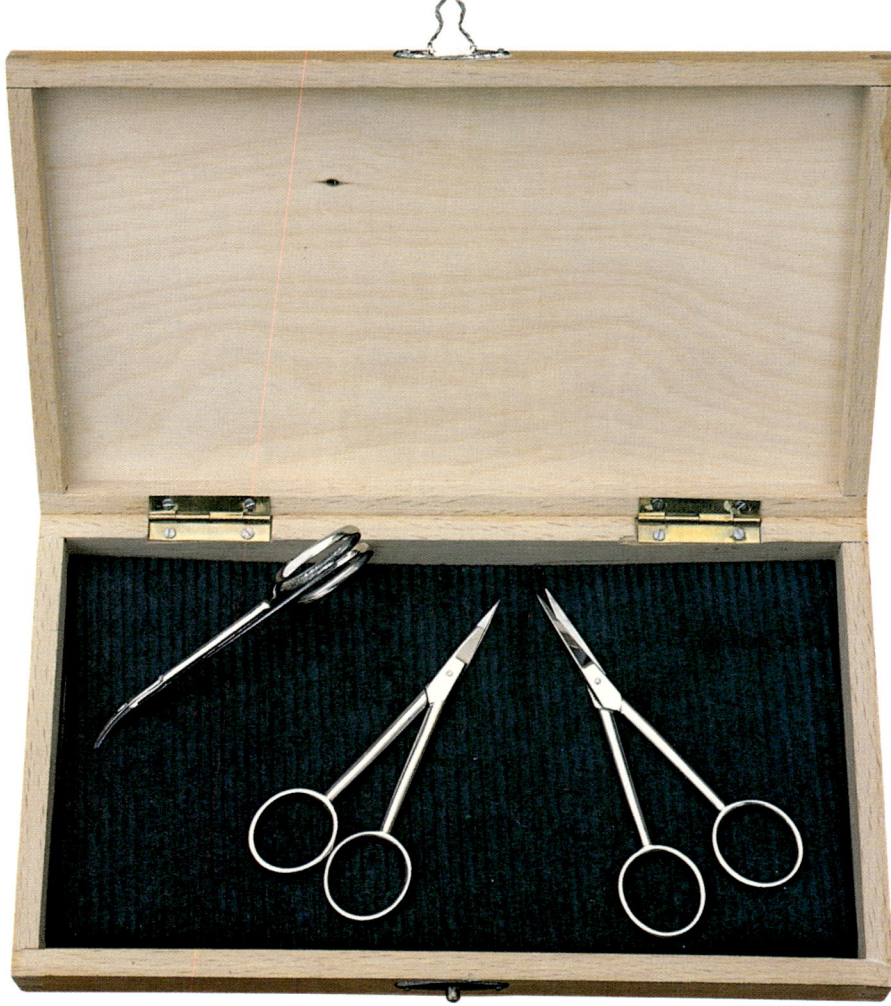

Das Wort »Scherenschnitt« sagt schon, – du brauchst in erster Linie eine Schere. Es ist vorteilhaft, wenn die Schere möglichst spitz ist, weil man damit bei Innenschnitten gut ins Papier einstechen kann.

Du wirst wissen, daß man mit einer Schere in der Hand nicht unnötig herumläuft oder gar herumfuchtelt. Wenn die Schere gerade nicht gebraucht wird, legt man sie grundsätzlich zur Seite. Will man jemandem eine Schere reichen, dann faßt man sie an den Schneiden so an, daß die gefährliche Spitze geschützt in der eigenen Hand liegt und der andere die Ringe greifen kann. Wenn man sich an diese Vorsichtsregel hält,

Nicht ganz ungefährlich, aber am besten für Scherenschnitte geeignet: spitze Scheren, einmal mit gerader, einmal mit gebogener Schneidespitze.

*So wird die Schere übergeben,
damit nichts passiert.*

kann jeder mit einer guten, spitzen Schere arbeiten. Geeignet ist jede Nagel-, Haut-, oder Stickschere. Grundregel ist: Je feiner das Papier, desto feiner die Schere.

Messer oder Cutter brauchst du nur dann, wenn du einmal mit kräftigem Papier (Tonpapier oder ähnlichem) arbeitest. Dann mußt du mehr aufpassen, weil es gefährlicher ist.

Man kann aber völlig ohne Messer und Cutter auskommen.

Zum Aufzeichnen benötigst du einen nicht zu harten Bleistift (HB oder 2B) und einen Radiergummi. Nicht mit einem Kugelschreiber (Kuli) arbeiten. Er schmiert leicht und läßt sich auch nicht radieren.

Mehr Werkzeug brauchst du nicht. Zirkel, Lineal und Kunst-

stoffschablonen sind überflüssig. Dein Scherenschnitt wird damit nicht lebendiger. Dein Kreis muß nicht exakt rund, deine Linie nicht schnurgerade sein. So arbeitet man nur in der Technik, aber nicht beim freien Gestalten. Schau dir die lustigsten Formen in diesem Buch an! Alle sind ohne diese Hilfsmittel – Zirkel, Lineal oder Kunststoffschablone – entstanden.

*Falsch!
So schlimm kann
man es sich
ausdenken, wenn
man eine Schere
falsch übergibt.*

Welches Material ist am besten geeignet?

Natürlich kennst du den Scherenschnitt in Schwarz. Das ist der sogenannte klassische Scherenschnitt, der eigentlich ein Schattenbild ist. Das ist nach wie vor die schönste und klarste Darstellungsweise. Nun heißt es aber nicht, daß Scherenschnitte nur schwarz sein müssen. Du kannst alle farbigen, weißen und auch leicht gemusterten Papiere verwenden, die nicht zu dick sind.

Das herkömmliche schwarze Scherenschnittpapier kann man in kleinen Heftchen oder einzelnen Bögen in Papier- und Hobbyläden kaufen. Es gibt ungummiertes und gummiertes Papier, das auf der Rück-seite wie eine Briefmarke mit Klebstoff beschichtet ist und zum Aufkleben nur noch befeuchtet werden muß. Dieses Papier hat aber den Nachteil, daß es meist etwas brüchiger ist als ungummiertes und beim Schneiden gerne an den Fingern haftet, wenn man vor Eifer, oder wenn es gut warm ist, ein bißchen an den Händen schwitzt. Beide Scherenschnitt-papiere sind nur auf der Vor-derseite schwarz. Die Rück-seite ist hell, damit man dort aufzeichnen kann. Scheren-schnittpapier, auch buntes, ist nicht teuer. Wenn du sparsam damit umgehst, kannst du viele hübsche Sachen aus einem Bogen schneiden.

Viel Freude macht es auch, aus farbigen Prospekten, Brief-umschlägen, Einwickel- und anderen bunten Papieren zu basteln. Schon das Aussuchen macht Spaß und alles Aus-geschnittene hat durch Farben, Ornamente oder Schriften einen besonderen Reiz.

Wenn du Material zum Auf-kleben und Rahmen dieser Scherenschnitte brauchst, schlägst du ab Seite 57 auf.

Es muß nicht immer das gekaufte Scherenschnittpapier sein. Auch bedrucktes Papier kann ganz lustig aussehen.

Erste Schnittübungen ohne Vorzeichnen

Du hast zunächst dafür gesorgt, daß du einen hellen Arbeitsplatz hast, eine gute Schere und schwarzes oder buntes Papier liegen bereit. Zum Üben kannst du natürlich jedes andere Papier, auch Zeitungspapier nehmen.

Ehe du nun beginnst ein ganzes »Bild« auszuschneiden, probierst du zuerst einmal, ganz einfache Formen ohne Vorzeichnen zu schneiden. Das ist eine gute Übung und deine Schnitte werden sicherer. (Wenn du aber lieber nach vorgezeichneten Linien arbeiten möchtest, darfst du das natürlich auch tun. Eigentlich ist das aber erst für etwas aufwendigere Bilder vorgesehen).

Nun nimmst du das Papier in die linke Hand, und die Schere in die rechte. Linkshänder müssen es genau umgekehrt machen, aber das weißt du sicher schon. Und nun merkst du dir etwas ganz Wichtiges: Beim Schneiden wird die Schere nicht im Papier vorwärts bewegt, sondern das Papier in der Schere.

Wenn du ganz konzentriert bist, wirst du dich kaum stechen oder in den Finger schneiden.

Das sieht dann so aus:
Die linke Hand bewegt das
Papier in der gewünschten
Richtung – sie wird also lau-
fend gedreht, damit die Form
entsteht, die du dir vorgestellt
hast. Die rechte Hand bleibt
»stehen« und macht die

Schneidebewegungen. Je
kleiner du die Schnitte machst,
desto genauer und sauberer
bekommst du die Formen
heraus, vor allem die runden,
gebogenen.

Als erste Übung schneidest du
»Grundformen«. Aus diesen
lassen sich nämlich alle ande-
ren Figuren ableiten und zu-
sammensetzen. Was sind
Grundformen? Es sind dies
Rechteck, Quadrat, Dreieck,
Raute, Trapez, Kreis und Oval.

Rechteck

Quadrat

Dreieck

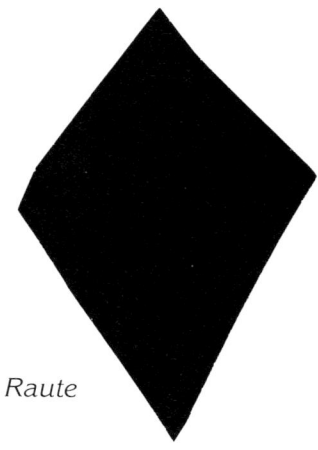

Raute

Trapez

Kreis

Oval

Rechtecke und Quadrate schneiden

Rechtecke haben verschiedene Gestalten, sie können kurz und dick auch lang und schlank sein. Jeweils zwei Seiten liegen sich gegenüber und sind gleich lang. Beim Quadrat dagegen haben alle Seiten die gleiche Länge.

Nun schneidest du recht unterschiedliche Quadrate und Rechtecke aus, große und kleine. Damit es noch abwechslungsreicher wird, kannst du sie aus verschiedenfarbigen Papieren schneiden. Wenn du etliche Vierecke geschnitten hast, legst du sie auf ein weißes Blatt und gestaltest einen Briefbogen mit einem kleinen oder größeren Schmuckrand. Du kannst ganz nach Belieben entweder einen ganzen Rand oder nur eine Ecke verzieren. Es muß nur genügend Platz auf dem Bogen bleiben, daß noch Raum zum Schreiben ist.

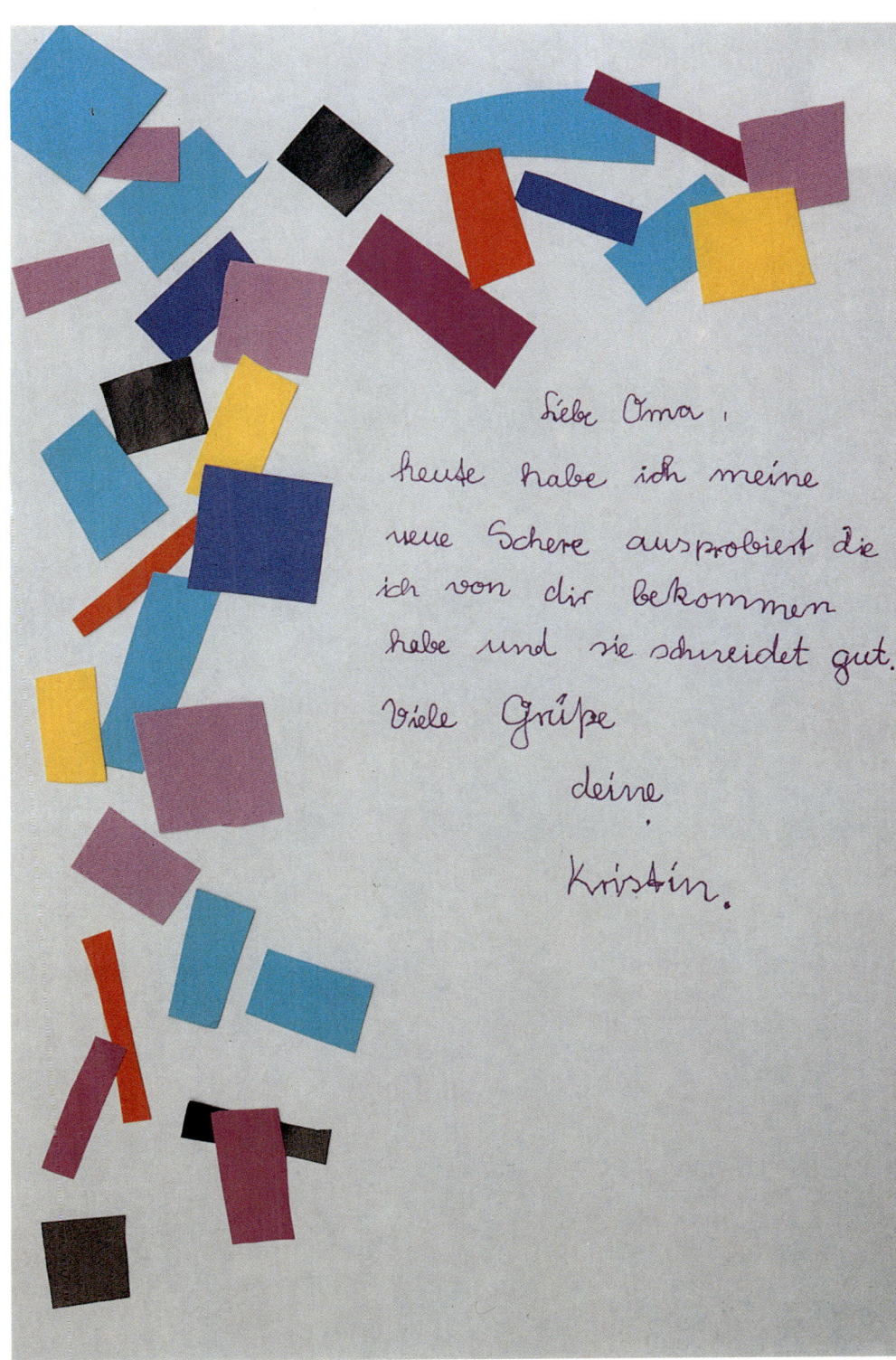

Kleine Rechtecke und Quadrate werden aufgeklebt zu einem Schmuckrand für Briefpapier

Dreiecke und Rauten schneiden

Eine Versammlung spitzer Dreiecke aus unterschiedlichen (Abfall-) Papieren – fertig ist ein bunter Tannenwald.

Lustige Drachen haben die typische Rautenform.

Ein Dreieck kann hoch und spitz, kurz und stumpf, gleichseitig oder ungleichseitig schief sein. Sieh dir mal die Raute an, sie besteht aus zwei zusammengefügten Dreiecken.

Mit diesen Formen und zusammen mit den Rechtecken kannst du schon ganz hübsche Bilder gestalten. Wenn es dir Spaß macht, kannst du auch einmal mit Malstiften oder Filzschreibern nachhelfen – aber nicht zuviel! Die Hauptsache sollen die geschnittenen Figuren bleiben. Laß dir alle möglichen Formen einfallen und probiere sie aus, vielleicht eine Borte, ein Tannenwald und vieles andere mehr.

Rechtecke und Dreiecke in vielen Größen und Farben bilden ein buntes Stadtbild.

Kreise und Ovale schneiden

Diese beiden Formen erscheinen sicherlich schwieriger als die vorigen. Wenn es dir also lieber ist, kannst du sie auch aufzeichnen. Aber versuche wenigstens, die Kreise oder Ovale ohne Hilfsmittel frei zu zeichnen. Am besten machst du gleich ein ganzes Blatt voller kleiner und großer Kreise und Ovale. Je schwungvoller du das machst, um so leichter geht es und um so toller werden deine Kreise und Ovale aussehen. Wenn du jetzt die aufgemalten Formen ausschneidest, mußt du die Schnitte so ansetzen, daß man die Linien vom Aufzeichnen gerade noch sieht. Laß dich nicht davon stören, daß das Ausgeschnittene noch etwas kartoffelähnlich aussieht, das macht überhaupt nichts.

Daraus ergeben sich schöne bunte Bälle, und die Ovale kannst du als Ostereier nehmen. Das Sammeln und Aussuchen der vielen bunten Papiere macht zusätzlich Spaß, die Eier kannst du auch noch bemalen und ganz persönliche Osterkarten damit bekleben.

Dieses Osterbild ist aus vielen Kreisen und Ovalen zusammengeklebt. Fast alles wurde zusätzlich bemalt – und ein bißchen haben die Großen noch mitgeholfen.

Erst aufzeichnen, dann ausschneiden, auch seitenverkehrt

Einfache Dinge hast du bisher fast immer aus der freien Hand geschnitten. Bei größeren und zusammenhängenden Bildern ist das Vorzeichnen aber sehr behilflich. Man erkennt dann besser den Gesamtaufbau. Auch die Details können genauer an den richtigen Platz gesetzt werden. Gezeichnet wird auf der Rückseite des Papieres mit einem nicht zu harten Bleistift. An zwei wichtige Dinge mußt du dabei denken:

– Im Scherenschnitt kommen nur die Umrißlinien zur Geltung, alles andere, was du vielleicht sonst eingezeichnet hast, sieht man nachher nicht. Selbstverständlich kannst du für Innenschnitte Formen einzeichnen. Alle anderen Aufzeichnungen kannst du vergessen.

– Das Aufgezeichnete kommt nachher als Scherenschnitt seitenverkehrt heraus. Das macht in den meisten Fällen gar nichts aus, außer bei Zahlen und Schriften. Aber auch bei Figuren, die in eine bestimmte Richtung gehen sollen, muß man das berücksichtigen.

Wer sich nicht zutraut, seitenverkehrt aufzuzeichnen, kann sich mit einem kleinen Trick helfen. Du zeichnest deine Form einfach auf ein Stück weißes Papier, das du nachher auf die Vorderseite des farbigen legst und mit diesem zusammen ausschneidest.

Wenn du nicht seitenverkehrt aufzeichnen willst, kannst du dir so helfen:
– Du zeichnest die Form auf weißes Papier
– Das weiße Papier wird mit der aufgezeichneten Form auf das rote Scherenschnittpapier gelegt.
– Du schneidest beides zusammen aus. Die rote 4 ist deine gewünschte Scherenschnittform.

Wenn du eine größere Arbeit vor dir hast und das Verrutschen fürchtest, kannst du die Papiere mit Büroklammern oder sogar mit einem Tacker zusammenheften.

Bei einer anderen Methode kannst du deine Form auf ein durchscheinendes Butterbrotpapier zeichnen. Das wird dann verkehrt herum auf die Rückseite (also die weiße Seite) des Scherenschnittpapiers gelegt. Du schiebst dann ein Pauspapier dazwischen, und mit einem gespitzten Bleistift zeichnest du die Form nach, die so übertragen wird.

Bei Figuren, die in eine bestimmte Richtung gehen sollen, muß man berücksichtigen, daß sie seitenverkehrt aufgezeichnet werden müssen.

So funktioniert das seitenverkehrte Aufzeichnen, damit der Scherenschnitt dann richtig rauskommt.

Innenschnitte –
nicht immer ganz einfach

Einige Erfahrung im Schneiden einfacher Umrißformen hast du inzwischen schon gesammelt. Es gibt aber nicht nur den äußeren Umriß, sondern auch aus dem Inneren eines Bildes sind viele Räume freizuschneiden, die sog. Innenschnitte. Das kann zum Beispiel das Auge eines Vogels sein, der Mittelpunkt einer Blume, das Fenster bei einem Haus, die Flecken bei der Giraffe (siehe Seite 36).

Besonders reizvoll sind natürlich Ornamentformen wie Ecken, Punkte, Herzen, kleine Blumen, z. B. bei den Zentralschnitten. Am einfachsten sind alle Innenschnitte, die sich bei Faltschnitten an einer Faltkante ergeben. Diese sind besonders leicht zu schneiden, da man nirgendwo einstechen muß.

Bei normalen Innenschnitten aber, die mitten im »Feld«

Innenschnitte:
Links siehst du einen einfachen Innenschnitt von der Faltkante aus. Du schneidest einen Halbkreis, und wenn du wieder auffaltest, hast du einen ganzen Kreis erhalten (Ergebnis: Die Blume in der Mitte).

Rechts ist der andere Weg gezeigt: Einstechen in der Mitte und dann am aufgezeichneten Rand rund ausschneiden. Das Ergebnis ist das gleiche, nämlich die Blume in der Mitte.

Hier hat Julia ein Auto und eine Tankstelle gezeichnet. Nur die Umrißlinien wurden ausgeschnitten, aber mit Ausnahmen: Das Fenster und der Raum zwischen den Rädern wurden als Innenschnitte gemacht. Die Muster auf dem Auto und beim Rauch kann man nicht ausschneiden.

liegen, muß man besonders gut aufpassen. Man muß nämlich, bevor man schneiden kann, mit einer spitzen Schere ein Loch in die Mitte des auszuschneidenden Teils stechen. Von dort aus wird dann der Bleistiftlinie nach geschnitten (immer daran denken, so zu schneiden, daß man die Bleistiftlinien noch sieht. Man hat dann immer noch die Möglichkeit, feiner nachzuschneiden).

Wenn du nun die möglichst spitze Schere in das Papier einstichst, drückst du mit dem Mittelfinger der linken Hand leicht von unten gegen das Papier (aber Vorsicht, zuerst gucken, wo dein Finger ist, bevor du einstichst!). Dieses Gegendrücken ist nötig, denn

wenn das Papier zu sehr nachgibt, reißt die Stelle leicht ein. Wenn deine Schere nicht ganz spitz ist, kannst du mit einer Nadel oder mit einem Cutter vorstechen. Das geht bei dünnerem Papier alles gut. Bei dickerem Papier oder mehrfachen Schichten muß man aber stärker drücken.

Dann heißt es besonders aufzupassen. Und noch etwas: Setze den Einstich für den Innenschnitt nie nahe an den Rand, sondern in die Mitte des auszuschneidenden Teils. Beim Einschneiden wird der Rand sonst nie exakt, sondern immer fransig sein. So hast du aber noch die Möglichkeit, eine saubere Kante zu schneiden.

Einfache Schnitte – Ideen und Vorlagen

Sicherlich sammelst du schon irgendetwas: Briefmarken, Sticker, Aufkleber oder anderes. Man kann aber auch Spaß am Formensammeln haben. Nun stutzt du und willst wissen, was ich damit meine. Nun, guck dich mal beim Spazierengehen, auf dem Schulweg oder im Garten um. Du kannst unterwegs sogar ein Beschäftigungsspiel daraus machen nach dem Motto: Wo entdecke ich eine neue Blume, andersartige Blätter, interessante Bäume, Pilze oder sogar Tiere, die ich noch nicht kenne. Daraus lassen sich dann viele Ideen und Anregungen für Formen schöpfen.

Du kannst sogar alles notieren und ein kleines Verzeichnis anlegen: Blätter, Blüten, Pilze, Früchte, Küchengeräte, Fahrzeuge, Farbe, Figuren, Häuser, Ornamente usw. Überlege dir, auf welchen Grundformen die gefundenen Vorlagen beruhen. Du tust dich dann leichter beim Aufzeichnen.

Denke immer daran, das Wichtigste ist, mit offenen Augen durch die Welt zu gehen, alle Ereignisse zu registrieren und Menschen zu beobachten. Versuche frischweg, alles in Papier zu gestalten. Das allermeiste wird dir gelingen, und du bekommst immer mehr Übung. Was dir nicht gefällt, versuchst du eben noch einmal.

Hier habe ich viele unterschiedliche Formen aus der Natur zusammengestellt. Die Grundformen wie Kreis, Quadrat, Dreieck usw. ist jeweils dazugezeichnet.

Blätter	Blüten	Tiere	Pilze	Bäume

Bäume

Schon immer haben Bäume den Menschen fasziniert. Früher gab es sogar »heilige« Bäume. Durch ihre eindrucksvollen Formen, den Wechsel von Farben, durch Blüten und Blätter und die groben und feinen Äste haben die Bäume viele Gesichter. Wie drohend können windzerzauste Bäume wirken, wie lieblich ein blühender und wie feurig ein Baum im Herbst sein. Wenn du Bäume ausschneidest, werden sie als Umriß gesehen und dargestellt. Du kannst sogar Äste, Blätter, Knospen und Blüten durch Innenschnitte einbauen. Das sieht dann sehr dekorativ aus.

Ein vielgestaltiger Baum im Faltschnitt von Michael (11 Jahre).

Blätter

Eine herbstliche Blättersammlung mit vielen Formen und unterschiedlichen Papieren.

Nicht nur die vielseitigen Formen der Blätter sind faszinierend, sondern auch die bunten Farben im Herbst. Hast du eigentlich auch schon einmal Blätter gesammelt und gepreßt? Haltbarer sind aber die, die du selbst ausschneidest. Du kannst das ruhig auch mit farbigem Papier versuchen. Ist dir schon aufgefallen, wie vielgestaltig die Blätter von Bäumen und Sträuchern bei uns sind? Aber nicht nur die Gesamtform ist dabei wichtig, sondern auch die Ausbildung des Blattrandes. Zuerst zeichnest du aber die Gesamtform auf, und dann gestaltest du den Blattrand, der von Zacken, Kerben oder Bögen gesäumt sein kann.

Die Zackenränder werden immer von außen nach innen zur Spitze geschnitten. Das sieht am saubersten aus. Wenn du einmal einen ganzen Zweig gestalten willst, mußt du darauf achten, daß die Blätter nicht in einer Reihe stehen, sondern ganz unterschiedlich in ihren Richtungen angeordnet sind. Schau dir das in der Natur einmal ganz genau an.

Wenn du noch nicht ohne Vorzeichnen schneiden willst, wird zuerst die Grundform des Blattes aufgezeichnet, dann der Blattrand.

Alexander hat diesen leicht gebogenen Zweig ausgeschnitten. Die Blätter sind in ganz unterschiedlichen Richtungen angeordnet.

Zackenränder werden immer von außen nach innen geschnitten.

Beeren und Obst

Sommer und Frühherbst ist die Zeit der Ernte von Beeren und Obst. Auf Märkten und in Obstläden wird das Angebot immer größer.

Wenn es dann in vielen Familien noch fleißig ans Einmachen, Einfrieren oder Marmelade kochen geht, kannst du feine Aufkleber zum Erkennen der einzelnen Sorte für die Gefäße schneiden. Das ist eine schöne Hilfe, sieht dekorativ aus und später weiß man gleich, was sich hinter einem Glas Gutes verbirgt. Vergiß nicht die Jahreszahl mitaufzunehmen, weil

sich Eingemachtes nicht ewig lange hält. Denke daran, daß Text und Zahlen seitenverkehrt aufgezeichnet werden müssen. Wie das geht, liest du auf Seite 21.

Vielleicht übst du an einigen Schildchen bereits vor der Einmachzeit. Überleg einmal, wieviele Früchte du kennst und versuche sie aufzuzeichnen. Sie sind leicht darzustellen, da die meisten in der Grundform rund oder oval sind. In einigen kleinen Einzelheiten sind sie meistens doch gut voneinander zu unterscheiden. Das kann der Stiel sein oder eine besondere Einbuchtung mit dem »Butzen« oder das dazugehörige Laub.

Blumen und Blüten

Blumen und Blüten gibt es in der größten Vielfalt und Farbenfülle. Vom Frühjahr bis in den Winter, im Garten und auf dem Fensterbrett, auf der Wiese und in Parks, an Bäumen und Sträuchern, in Blumenläden und botanischen Gärten kannst du diesen unendlich erscheinenden Reichtum an Farben und Formen studieren. Blumen eignen sich gut als kleine Aufmerksamkeiten und Geschenke. Scherenschnitt-blumen haben aber ein längeres Leben und bleiben immer eine liebe Erinnerung. Daher passen sie auf jede Glückwunschkarte, machen sich gut als Verzierung in einem Gästebuch oder in Poesiealben.

Leider sind diese Alben heute oft so angelegt, daß alles vorgezeichnet ist. Wenn du ein solches Buch in die Hand bekommst, klebst du einfach ein weißes Blatt über diese Seite und gestaltest deinen eigenen Text mit einem hübschen Scherenschnitt. Das ist viel persönlicher und liebevoller.

Damit dich die Fülle der Blütenformen nicht verwirrt, ordnest du sie zwei Hauptgruppen zu, der Stern- und der Glockenform, in die auch die Tulpen passen. Für Sternblüten ist die Grundform der Kreis, für die Tulpen und Glockenblumen das Oval. Bei den kreisförmigen Blüten müssen die Strahlen immer dem Mittelpunkt zustreben, sonst wirkt die Blüte schief.

Einzelne einfache Blüten sind zu einem Blütenkranz zusammengestellt. Schön gerahmt, sieht das richtig edel aus.

Das hat natürlich kein Kind geschnitten. Es soll ja auch nur zeigen, wie Blumen und Blüten im Scherenschnitt wirken können.

Ein einfacher Blumenstrauß

Einzelne Blüten hast du jetzt sicherlich schon eine Menge gemacht. Ein bißchen anders sieht die Anordnung in einem Blumenstrauß aus, der in einer dicken Vase oder einem Topf steht. Wenn du den Strauß als Scherenschnitt bringst, sieht er aus wie sein schwarzer Schatten, den die Sonne auf die Wand geworfen hat. Wenn du einen solchen Strauß schneidest, wird er nicht genauso aussehen wie in der Natur, sondern seine Formen müssen einfacher werden, man sagt, »stilisiert«.

Du mußt die Blumen schön nebeneinander reihen und sich nicht überschneiden lassen.

Das macht das Bild sonst unklar. Andererseits muß es doch einige Berührungspunkte von Blütenblättern und Stengeln geben, damit der Strauß nicht »auseinanderfällt«. Ein Scherenschnitt sollte immer so zusammenhängen, daß man ihn an einem Ende hochhalten kann und er trotzdem als ein Stück erhalten bleibt. Das ist später auch beim Aufkleben günstig, weil sich die einzelnen Teile dann nicht gegeneinander verschieben können.

Ein Faltschnitt, bei dem alle Blumenteile fein zusammenhängen.

Hier siehst du einen Blumenstrauß, der »auseinanderfällt«, weil es keine Berührungspunkte zwischen den einzelnen Stengeln, Blättern und Blüten gibt.

So etwa müssen die Berührungspunkte liegen.

Sonne, Mond und Sterne

Eine Strahlensonne, ein freundlicher Halbmond und glitzernde Sterne in allen Variationen. Die ganz einfachen kann man frei schneiden oder mit einer leichten Vorzeichnung; zu aufregenderen Ergebnissen kommst du aber, wenn du die feinen Zentral- oder Rosettenschnitte (siehe Seite 52) bereits gelernt hast. Dann kannst du dich mit allen möglichen Mustern »austoben«. Es kommt immer etwas Gescheites dabei heraus. Aber auch ein schiefer Stern kann ein schöner Stern sein! Vielleicht, weil du gerade ein paar neue Innenschnitte ausprobiert hast und dir dabei ein tolles Ornament gelungen ist.

Das gleichmäßige Aufzeichnen der Strahlen bei der Sonne oder den Sternen gelingt eigentlich fast immer, wenn du sie vom Mittelpunkt aus nach außen ziehst. Das ist genauso wie bei den sternförmigen Blüten.

Pilzformen

Einen ganz großen Vorteil haben die Pilze, die du in ihren Formen sammelst: Es ist ganz egal, ob die Pilze eßbar oder giftig sind. Es kann nichts passieren. Wichtig ist nur die Form des Pilzes, wie du sie auch aus Bilderbüchern kennst. Ist es ein Pilz mit einem schlanken, hohen Stiel, vielleicht mit einem Kragen? Ist der Fuß dick und plump oder sitzt er ohne Stiel direkt auf dem Boden auf? Ist der

Hut breitkrempig, flach wie ein Schirm oder spitz wie eine Zipfelmütze? Sitzen kleine und große beieinander, kugelige oder verzweigte?

Pilze kannst du ganz besonders gut in Farbe schneiden. Man kann damit z. B. einfache, weiße Pappteller hübsch

dekorieren. Da du Pilze nicht abreißen und zum Zeichnen mitnehmen darfst, kannst du dir ruhig Vorlagen aus einem Buch oder Lexikon holen. Weil du die Formen dann selbst aufzeichnest und nachschneidest, bekommt jeder Pilz durch dich doch sein eigenes Gesicht.

Ein Pappteller mit ausgeschnittenen Pilzen dekoriert, ergibt ein hübsches Bild.

Tiere im Zoo und anderswo

Tiere in der Natur und im Zoo zu beobachten macht natürlich viel mehr Spaß als nur in Büchern und Zeitschriften.

Aber auf bedrucktem Papier hast du mehr Gelegenheit, bestimmte Einzelheiten länger zu betrachten. Auch findest du dort Tierformen, wie z.B. die Dinos oder ganz bizarre Fischformen aus der Tiefsee – die bereits ausgestorben sind, aber dich vielleicht doch brennend interessieren. Bevor du mit dem Aufzeichnen und Ausschneiden beginnst, mußt du dir erst vor Augen halten wieviele Beine dazugehören und ob daran Krallen oder plumpe Hufe sind. Oder wie groß ist z.B. der Kopf im Verhältnis zum Körper, hat das Tier Flügel und in welcher Form? Oder Hörner, oder einen langen Bart wie viele Ziegen? Auch durch den Schwanz wird die Form entscheidend bestimmt oder durch große stehende oder hängende Ohren, einen spitzen, stumpfen, geraden oder gebogenen Schnabel usw. Bring deine Beobachtungen aufs Papier, auch wenn sie zoologisch nicht stimmen. Für das ganz Genaue sind die Fotografen und die Wissenschaftler da.

Ein fast meisterhafter Schnitt von Gunnar, 12 $\frac{1}{2}$ Jahre.

Hoffentlich erwischt die Katze nicht den kleinen Vogel!

Deine Bilder müssen nur dir Spaß machen, sie dürfen lustig und verrückt aussehen. Es sind deine Tiere, die du im Urlaub oder nach einem unvergeßlichen Spaziergang geschaffen hast. Das ist das Gute am Scherenschnitt, daß immer etwas Neuartiges dabei geschaffen werden kann.

Du kannst viele Tiere in Bildern zusammenstellen, z. B. mit einem Zirkuswagen, auf einem Bauernhof, einem Aquarium oder eine Urweltlandschaft mit Dinos.

Wenn du deine Tiere in eine bestimmte Richtung laufen lassen willst, mußt du aber gewaltig aufpassen. Warum? Weil alle Bilder seiten- oder spiegelverkehrt erscheinen.

Von »spiegelverkehrt« spricht man deshalb, weil ein Bild vor den Spiegel gehalten nur seitenverkehrt zu betrachten ist und eine Zeitung nur seitenverkehrt lesbar. Schau dir deshalb noch einmal die Seite 21 an, wo beschrieben ist, was man da machen kann.

Ein Fabelwesen – Dino oder Krokodil? Egal, was es nun genau ist, es sieht gefährlich aus.

Ein toller Zirkuswagen mit phantasievollen Tieren.

Fundstücke vom Strand

Was machst du, wenn es im Urlaub kühl und regnerisch ist? Auch die schönsten Spiele können einem da mal über werden. Eine kleine Schere und ein Stück Papier sind immer zur Hand, Bleistift und etwas Klebstoff finden sich auch. Jetzt besinn dich doch einmal, was du alles am Strand finden kannst und schneidest aus, was dir Spaß macht und in Erinnerung kommt. Sandförmchen, Schaufel und Rechen, Eimer und Gießkanne, aber auch Federballschläger, Bälle, Strandhafer, Muscheln und Schnecken – die Reihe läßt sich beliebig fortsetzen. Wenn du schon Übung hast, schneidest du vielleicht auch ein Fahrrad aus, ein Kind mit einem Drachen, einen angeschwemmten Schuh oder einen Strandkorb.

Später, wenn du wieder zu Hause bist, kannst du einen großen Bogen (Foto)-Karton nehmen, den du sogar so behandeln kannst, daß er »sandig« aussieht. Dazu brauchst du ein kleines Teesieb aus Kunststoff und eine alte Zahnbürste. In einem kleinen Gefäß rührst du etwas gelbbraune Wasserfarbe an und füllst den Bürstenkopf mit Farbe, den du dann rasch über das Sieb streichst. Die dabei entstehenden Spritzer verteilst du gleichmäßig über den Bogen »wie Sand«. Darauf klebst du dann die ausgeschnittenen »Fundstücke« vom Strand. In dieser Art kannst du auch den Einband des Foto- und Erinnerungsalbums vom Urlaub gestalten.

Dicke Wolken am Strand (Faltschnitt).

Ziemlich einfach zu schneiden: Gebäude

Gebäude jeder Art sind relativ einfach zu schneiden, da es sehr viele gerade Linien an sonst ganz unterschiedlichen Formen gibt. Wenn du in der Stadt wohnst, sind das vielleicht Hochhäuser, Fabrikschornsteine, der Fernsehturm oder auch einmal schloßähnliche Häuser. Manchmal findest du diese dann auch auf dem Lande, wo es noch alte Kirchtürme, Burgruinen, Scheunen oder Getreidesilos auf Bauernhöfen gibt. Alles zusammengesetzt, ob es von der Stadt oder vom Land ist, ergibt abwechslungsreiche Silhouetten. So nennt man die schattenartigen Umrisse, die sich dunkel gegen den hellen Hintergrund abheben.

Noch lebendiger werden diese Gebäude, wenn du bereits soviel Übung hast, daß du feine Innenschnitte für Fenster, das Fachwerk der Häuser oder einen Schriftzug auf einer Fabrik schneiden kannst.

Das ist eine tolle Silhouette, die zudem noch gut aufgeteilt ist (Annemarie, 11 Jahre).

Eine Kirche von Julia (5 Jahre).

Häuser von Anni (5 Jahre).

Keine Angst vor Menschen

Bei den Menschen gibt es so
vielfältige Figuren, daß man
immer wieder neu schneiden
kann: große, kleine, dicke,
dünne, mit und ohne Hut, mit
Mantel, mit Hose, mit Rock…

Es macht auch gar nichts,
wenn die Figuren ein bißchen
comicähnlich aussehen. Das
macht dann richtig Spaß, dir
und auch allen anderen, die
diese oft komischen Figuren
sehen.

*Johanna,
4 1/2 Jahre*

Angelika, 6 Jahre

Pia, als sie 8 Jahre alt war

Andreas, 10 Jahre

Georg, 13 Jahre

Die »hohe Kunst« des Porträtschneidens

Ab und zu kannst du auf dem Weihnachtsmarkt, bei Ausstellungen oder an irgendeiner Straßenecke Leute sehen, die Porträtschneiden. Sie sehen sich das Gesicht der zu porträtierenden Person genau von der Seite an. Das ist dann die Ansicht »im Profil«. Ausgeschnitten wird dann der Umriß des gesamten Kopfes mit Hut oder Haaren und noch ein Stückchen vom Oberkörper. Es ist immer wieder faszinierend zuzuschauen, und man ist gespannt, ob das Ergebnis auch »stimmt«. Meistens ist es auch ziemlich ähnlich, weil wichtige Merkmale beachtet wurden, wie z.B. die Form der Nase, der Frisur, des Mundes und die gesamte Haltung. Am liebsten möchte man das auch können. Das ist aber nicht jedem gegeben – trotzdem, probieren kannst du es. Eine gewisse Ähnlichkeit erreichst du sicher, wenn du nur richtig

Um möglichst scharfe Konturen zum Aufzeichnen und Nachschneiden zu bekommen, muß der zu Porträtierende ganz dicht an das aufgespannte Papier rücken.

beobachtest und das auch festhältst. Das kann bei Lotte der Zopf sein, beim Max die Struwelhaare, bei der geduldig Modell sitzenden Oma die Kräusellocken. Auf die Nase mußt du besonders achten. Sie kann lang oder kurz, gerade, etwas nach oben (»Himmelfahrtsnase«) oder nach unten gekrümmt sein (Adlernase). Guck dich nur mal um bei Freund oder Freundin, Bruder oder Schwester, Mama oder Papa und schneide einfach drauf los. Egal was dabei rauskommt, Spaß macht es sicherlich allen Beteiligten.

Wenn dir aber ein möglichst genaues Bild lieber ist, dann kannst du es mit folgendem Trick versuchen. Du heftest ein großes, möglichst kräftiges und helles Papier an die Wand, auf eine Kindertafel oder ein großes Brett. Darauf klammerst du Scherenschnittpapier

Die Kopfform, die etwa natürliche Größe hat, wird ausgeschnitten.

mit der Rückseite nach vorn, auf das anschließend direkt der Schatten des Kopfes gezeichnet wird.

Nun muß sich die zu porträtierende Person so dicht wie möglich und genau im Profil vor dieses angeheftete Scherenschnittpapier setzen. Im Abstand von etwa 2 bis 3 Metern stellst du eine Lampe in gleicher Höhe des Kopfes so auf, daß dessen Schatten mit möglichst scharfen Rändern auf das Papier geworfen wird. Als Lichtquelle reicht evtl. sogar eine starke Taschenlampe. Dabei muß der Raum möglichst dunkel sein.

Jetzt brauchst du nur die Form des Schattenrisses auf dem aufgeklammerten Scherenschnittpapier nachzuzeichnen und sauber auszuschneiden. Verkleinern kannst du den jetzt in natürlicher Größe wieder-

Ein Trick: über einen Kopierer verkleinert und erneut ausgeschnitten, sieht das so aus.

gegebenen Kopf über einen Fotokopierer. Das ist zwar dann kein richtiger Scherenschnitt mehr, gefällt dir vielleicht aber besser. Mit einem kleinen Bilderrahmen sieht das ganze bestimmt richtig edel aus.

In einem ovalen Rahmen sehen kleine Scherenschnittporträts besonders gut aus.

Schablonen

Eine Schablone ist eine aus-
geschnittene Form zum Vervielfältigen. Figurenformen
als Schablone herzustellen ist
dann sinnvoll, wenn du die
Vorlage immer wieder benut-
zen willst oder mußt. Das kann
zum Beispiel bei Ziehharmoni-
kaschnitten (genaueres darüber
findest du auf Seite 50) sein,
wenn die Papierfaltung zu dick
wird und
du sonst
die gleiche
Form wieder
neu zeichnen
müßtest. Für
eine Schablone
zeichnest du
deine Form
auf dünnen
Karton und schneidest ihn aus.
Am Rand des Kartons kannst
du am besten die Form mit
dem Bleistift nachfahren.
Schablonen findest
du auch anderswo,
z. B. in der Auto-
lackierwerkstatt,
wo Schriften
oder
Firmen-
zeichen
aufgespritzt
werden.

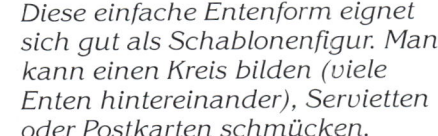

*Diese einfache Entenform eignet
sich gut als Schablonenfigur. Man
kann einen Kreis bilden (viele
Enten hintereinander), Servietten
oder Postkarten schmücken.*

Faltschnitte

Bei deinen bisherigen Versuchen hattest du bestimmt immer wieder etwas Probleme, eine bestimmte Figur, wie z. B. einen Tannenbaum, ein Herz oder eine Glockenblume auf beiden Seiten einigermaßen gleichmäßig hinzukriegen.

Das läßt sich aber ganz einfach mit dem sogenannten Faltschnitt lösen. Dazu faltest du dein Scherenschnittpapier so, daß das Dunkle innen liegt. Nun brauchst du nur eine Hälfte der Form so aufzuzeichnen, daß deren Mitte an der Falt- oder Bugkante liegt. Wenn du

So wird jede Form auf beiden Seiten gleich (= symmetrisch): Du faltest ein Papier und malst eine Hälfte auf. Nach dem Ausschneiden hast du eine beiderseits gleichmäßige Form.

jetzt diese Hälfte mit der halben Zeichnung ausschneidest, wird die umgeklappte andere Hälfte mit ausgeschnitten. Klappst du anschließend das Papier wieder auf, dann hast du das gesamte gewünschte Bild. Es besteht aus zwei gleichen (symmetrischen) sich deckenden Seiten, jeweils rechts und links der vorherigen Faltkante. Sie ist oft als »Mittelachse« andeutungsweise im Schwarzen noch zu erkennen. Bei kleinen Schnitten funktioniert diese Technik ohne Probleme. Bei größeren Werken mußt du aufpassen, daß sich beide Hälften nicht gegeneinander verschieben. Aber auch da gibt es eine Hilfe: Nach dem Falten befestigst du beide Papierhälften an denjenigen Stellen aneinander, die sowieso beim Schneiden wegfallen. Befestigen kannst du mit kleinen Tesafilm-Stückchen oder besser noch mit einem Tacker (Heftklammerer). Jetzt kannst du sorgloser schneiden, ohne daß sich alles verschiebt.

Papier mit sehr glatten Oberflächen, zum Beispiel buntes Glanzpapier, eignet sich hierfür schlecht, weil es besonders leicht verrutscht. Auch dickeres Papier ist für Faltschnitte nicht sehr praktisch. Es ist nur gut für grobe Formen, die man mit einer kräftigeren Schere schneiden kann.

Schwieriger wird es allerdings dann, wenn auch die Innenschnitte gleichmäßig liegen sollen. Du mußt dann sehr aufpassen, daß sich die beiden Seiten nicht gegeneinander verschieben.

Ziehharmonikaschnitt,
auch Leporelloschnitt genannt

Mit dem Begriff »Ziehharmonika« wird angedeutet, wie das Papier für den Schnitt gefaltet wird, nämlich hin und her, so daß ein Faltgebilde entsteht wie bei der Ziehharmonika.

Wahrscheinlich ist dir das Falten in der Ziehharmonikaweise gar nicht so neu, denn oft werden bereits im Kindergarten Borten oder kleine Deckchen geschnitten. Da wurde dann genauso verfahren. Für Ziehharmonikaschnitte muß das Papier besonders dünn sein. Das ist deshalb nötig, weil möglichst viele Papierlagen zugleich geschnitten werden sollen. Durch diesen Trick kommt man ganz schnell zu einem »großen« Werk mit verblüffender Wirkung. Du kannst damit zum Beispiel lange Girlanden schneiden.

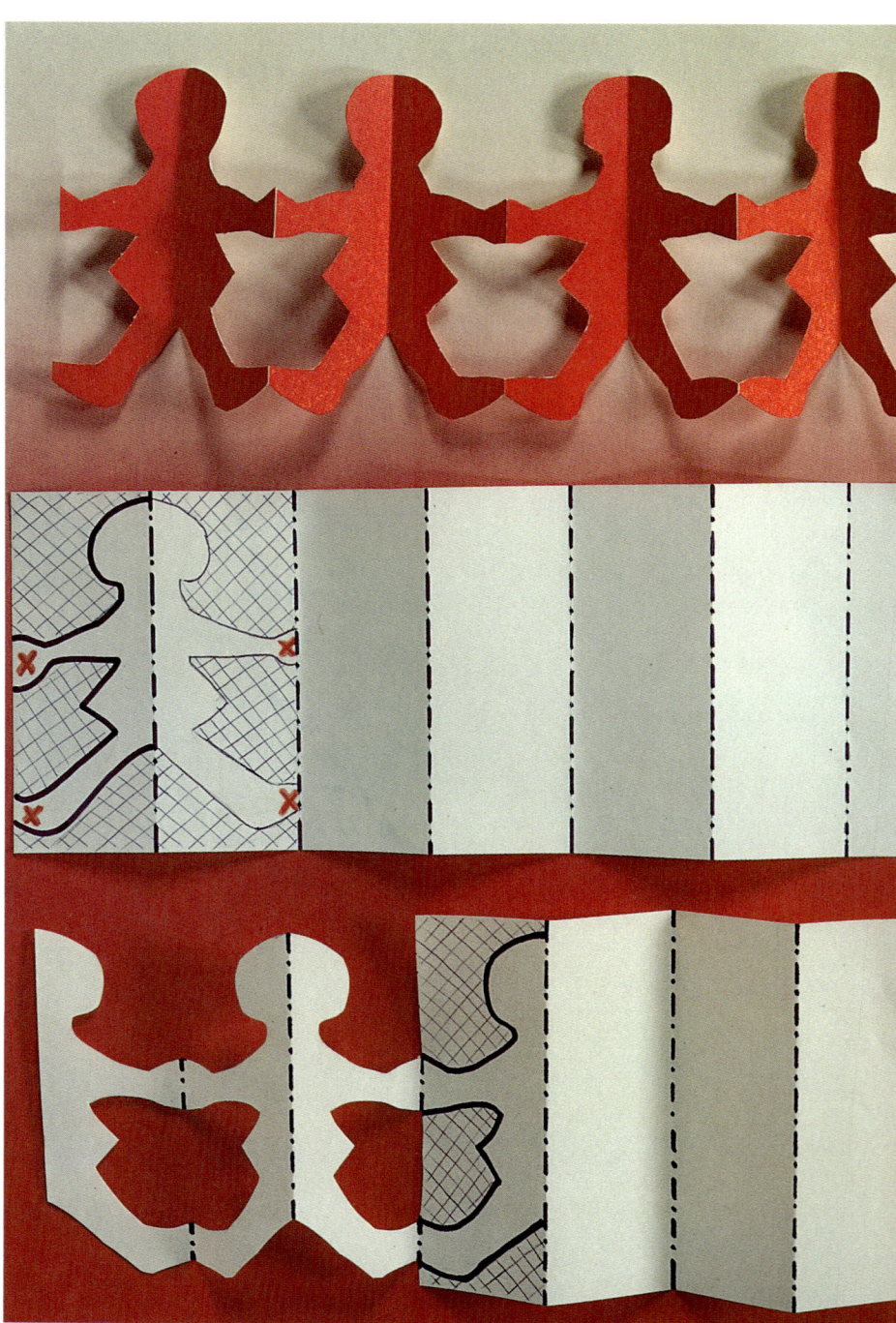

Hier erkennt man genau, wie ein Ziehharmonikaschnitt geht. Die Form wird wie ein Faltschnitt nur einmal aufgezeichnet. Dann wird gleichmäßig ziehharmonikaartig hin und her gefaltet. Es wird nur einmal ausgeschnitten. Nach dem Auffalten sieht es dann so aus wie in der oberen Reihe.

Ein Ziehharmonikaschnitt, ganz einfach, dekorativ und gerahmt.

Zentral- oder Rosetten- schnitte

Was ist denn das nun schon wieder? Keine Angst, es klingt kompliziert, ist es aber gar nicht. Also: Der Zentralschnitt ist eine besondere Art des Faltschnittes. Dabei sind die Achsrichtungen, auf denen gefaltet wird, vom Mittelpunkt (der Zentrale) aus, nach allen Richtungen gleich. Das gilt für Papier in Quadrat- oder Kreisform. Daraus ergeben sich die schönsten Stern- und Rosettenschnitte. Jetzt ist genug erklärt und du probierst es praktisch aus.

Zuerst mußt du dir ein Stück Papier in Quadratform schneiden. Das schaffst du ganz schnell ohne Abmessen, wenn du ein rechteckiges Papier an einer Ecke der kurzen Seite nimmst und genau bündig auf die Kante der langen Seite des Rechtecks legst. Den nicht abgedeckten Teil des Blattes schneidest du ab. Was bleibt ist ein Papier in Quadratform. Nun legst du das Blatt einmal um wie beim einfachen Faltschnitt. Du hast jetzt ein langes Rechteck vor dir. Die Falt- oder Bugkante fährst du mit dem Fingernagel fest nach, damit sie schön glatt wird. Jetzt faltest du das lange Rechteck wieder in der Mitte, so daß ein kleines Quadrat vor dir liegt. Wenn du an der offenen Seite des gefalteten Papiers nachzählst, hast du jetzt vier Schichten übereinander. Diese Faltung reicht für den Anfang aus. Jetzt kannst du von allen Seiten an der offenen und an der Faltkante beliebig viele Formen – Dreiecke und Rundungen jeder Art – einschneiden. Wenn du das Blatt danach vorsichtig auseinanderfaltest, wirst du überrascht sein, was dabei entstanden ist. Du hast »Deckchen« mit vielen Mustern. Man braucht gar keine komplizierten Dinge zu schneiden, denn durch die Vervielfältigung beim Falten gibt es immer ansprechende Ergebnisse. Das ist die einfachste Form des Zentralschnittes.

Dieser einfache Zentralschnitt wurde aus einer Serviette gemacht. Die war bereits quadratisch, mußte also nicht erst in Form geschnitten werden. Man erkennt noch senkrecht und waagrecht durch die Mitte (Zentrum – deshalb Zentralschnitt) die Faltungen.

Sterne und Rosetten

Einen Stern oder eine Rosette faltest du am einfachsten aus einem kreisförmigen Papier. Dazu schneidest du zuerst ein kreisrundes Blatt aus, indem du einfach einen Teller der gewünschten Größe auf ein Blatt Papier legst und den Rand nachfährst. Schneide das Papier aus und halbiere durch Falten den Kreis zum Halbkreis. Die nächste Faltung schafft dir einen Viertelkreis usw. Der Schnittpunkt der Faltungen legt die Mitte (= Zentrum) fest.

Je nach Durchmesser des Kreises kannst du beliebig viele weitere Faltungen vornehmen. Allerdings werden dir schnell Grenzen gesetzt, weil das Papier dann zu dick aufträgt. Du kannst die Faltkanten nicht mehr genau aufeinander legen und nicht mehr von allen Kantenseiten her sauber einschneiden. Beim vorsichtigen Auseinanderfalten wirst du ein ganz filigranes Muster in Händen halten.

Um ein kreisrundes Blatt für eine Rosette zu bekommen, legst du einen Deckel oder Teller aufs Papier und fährst den Rand nach.

Das kreisrunde Papier wird einmal gefaltet. Rand kommt auf Rand.

*Jetzt den Halbkreis falten.
Das Ergebnis ist ein Viertelkreis.*

Noch einmal gefaltet ergibt sich ein Achtelkreis. Zum besseren Verständnis ist das ursprünglich gefaltete Papier auf diesem Bild etwas auseinandergefaltet, damit man die schmalen Achtelkreise erkennen kann.

Zum Einschneiden bleibt das Papier so gefaltet, daß es wie ein Achtelkreis aussieht. Fest zusammendrücken, besonders an der Stelle, wo du schneidest. Auf diesem Bild sieht man die einzelnen »Schichten« von der Seite.

Jetzt wird rundherum von allen Seiten eingeschnitten – Rundungen, Dreiecke, Rechtecke.

Die »Muster« entstehen jeweils auf den Faltkanten – das sind gleichzeitig die Achsen zum Zentrum des Kreises – und auf der Außenseite.

Vorsichtig auseinanderfalten, damit die feineren Zwischenstücke – die sich beim Schneiden verhaken – nicht reißen.

Das Endergebnis: eine schöne Rosette.

Wenn man schon ganz viel
Scherenschnitterfahrung hat,
entstehen solche Rosetten.

Aufkleben, damit nichts kaputt geht

Wenn du die Scherenschnitte gut aufbewahren willst, müssen sie aufgeklebt werden. Als Untergrund eignet sich kräftigeres Papier, zum Beispiel dickeres Zeichenpapier und Ton- bzw. Plakatkarton. Je fester dieses Material ist, desto weniger besteht die Gefahr, daß es sich verzieht oder wellig wird. Auch beim Untergrundpapier ist erlaubt, was gefällt. Es muß nicht immer weiß sein, manchmal darf es sogar eine leichte Struktur haben, wenn es nicht zu unruhig wirkt.

Zum Aufkleben empfehle ich Tapetenkleister, den man nach der Gebrauchsanweisung auf der Packung selber anrührt. Bei diesem Klebstoff lassen sich auch überquellende Reste gut entfernen. Vielleicht hilft dir am Anfang jemand beim Aufkleben. Mit ein paar Papierresten kannst du auch zuerst ein kleines Probekleben veranstalten.

Zum Auftragen des Tapetenkleisters nimmst du möglichst feine Pinsel oder – die Finger.

An diesem Beispiel sieht man, wie verschiedenfarbige Untergründe (andersfarbige Papiere jeder Art) ganz unterschiedliche Wirkungen hervorrufen.

Mit Fingern hat man nämlich das beste Gefühl. Vor allem muß man aufpassen, daß feine Scherenschnitte nicht versehentlich auseinanderreißen.

Scherenschnitte müssen nach dem Aufkleben nicht plattgewalzt wirken, sie dürfen teilweise sogar etwas locker auf dem Untergrund aufliegen; das macht sie duftiger. Soll das kleine Kunstwerk noch unter Glas gerahmt werden, reicht punktweises Aufkleben, damit nichts verrutscht.

Bevor du dich ans Aufkleben machst, deckst du den Tisch zum Schutz mit einem sauberen Papier ab. Nimm aber kein Zeitungspapier, weil durch die Feuchtigkeit des Tapetenkleisters sich die Druckerschwärze löst und dein schönes Untergrundpapier und alles andere verschmiert. Halte dir auf alle Fälle einen alten Lappen bereit, an dem du dir die Finger immer abwischen kannst.

Einrahmen, damit es besser aussieht

Scherenschnitte kommen erst richtig zur Geltung, wenn sie gerahmt sind. Noch besser ist es – und sicherer aufbewahrt sind sie auch, wenn sie unter Glas gerahmt werden.

Man kann ausgediente Rahmen wieder verwenden und sich natürlich auch einfach Rahmen kaufen.

Du darfst den Rahmen aber nicht zu klein wählen, sonst sieht dein Scherenschnitt eingeklemmt aus. Der untere Rand ist beim Rahmen allgemein etwas breiter als der obere.

Für kleinere Bilder kannst du dir sogar einen Rahmen aus farbigem Karton selber schneiden.

Die Farbe des Scherenschnitts wird durch den dunkelgrünen Untergrund hervorgehoben und durch den feinen Rahmen ergänzt.

Das ist die einfachste Form des Rahmens. Du hast einen Karton, den du zur Hälfte faltest. Auf einer Hälfte wird der aufgeklebte Scherenschnitt befestigt, in die andere Hälfte schneidest du eine »Rahmenöffnung«. Dann klebst du noch einen Aufhänger dazu, wie im Bild zu sehen ist.

Zugeklappt hast du diesen einfachen Rahmen fertig.

Eine Weihnachtskrippe, selbst entworfen oder nach Vorlage

Krippen gibt es in unzähligen Varianten. Wenn man sie kauft, sind sie meistens teuer. Vielleicht willst du gerne eine eigene haben. Das läßt sich auch als Scherenschnitt machen.

Das ist die Urform unserer Krippe: Maria, Josef und das Jesuskind.

Ausnahmsweise findest du hier Vorlagen zum Ausschneiden und Weiterbearbeiten. Aber eigentlich ist das eigene Gestalten viel interessanter. Gut, wenn dir keine Krippe gefallen will, kannst du auch nach der Vorlage abpausen und ausschneiden.
Zuerst schlage ich dir aber vor, es mit einer eigenen kleinen

Krippe zu versuchen, mit der heiligen Familie und einem entsprechenden Hintergrund.

Als Material kannst du jedes feste Papier nehmen, also Tonpapier, Plakat- und Fotokarton (beide lassen sich aber schlechter schneiden und sind nur für grobe Formen zu empfehlen), Zeichenblätter oder die Rückseiten von großen (gebrauchten) Briefumschlägen.

Zuerst überlegst du dir jetzt, wo bei dir das Christkind auf die Welt kommen soll. Wenn du in einem Ort mit schönen Fachwerkhäusern wohnst, kannst du diese als Vorbild zur Kulisse, also dem Hintergrund, wählen. Du darfst deine Krippe aber genauso gut in ein bayerisches Gebirgsdorf stellen oder in eine fremdländische Umgebung. Ja, sogar eine nüchterne, moderne Hochhausstadt kann den Rahmen für das Weihnachtsgeschehen abge-

ben. Alles ist denkbar, nichts ist falsch. Und deshalb kannst du mit großem Mut an die Arbeit gehen. Du darfst sogar die Fassaden der Häuser, die Fenster und die Türen mit buntem Transparentpapier hinterlegen und vielleicht von hinten beleuchten. Vielleicht genügt es dir aber auch, kleine bunte Teilchen als Fenster und Türen auf die Fassaden zu kleben.

Maria, Josef und die Krippe schneidest du doppelt in der Art aus, wie es in der Vorlage gezeichnet ist. Dabei ergibt sich bei den Figuren eine zu-

sammenhängende Stelle am Kopf (gestrichelte Linie, an der geknickt wird), damit die Figuren nachher gespreizt aufgestellt werden können.

Du kannst das Krippengeschehen auch noch beliebig erweitern mit Tieren, Hirten, den heiligen drei Königen und vielem anderen mehr.

So läßt sich die Krippe ausbauen: mit Hintergrund und weiteren Figuren.

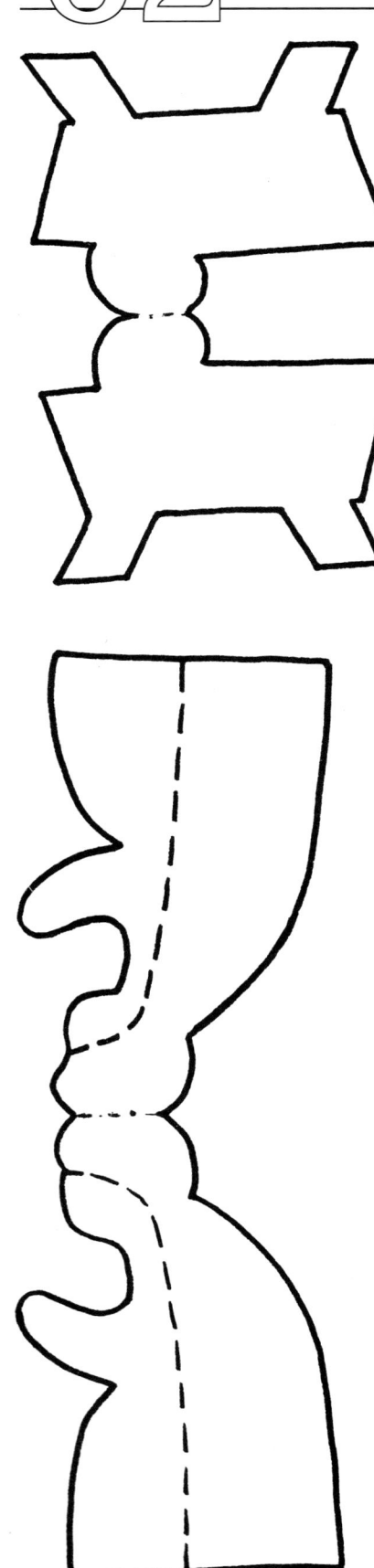

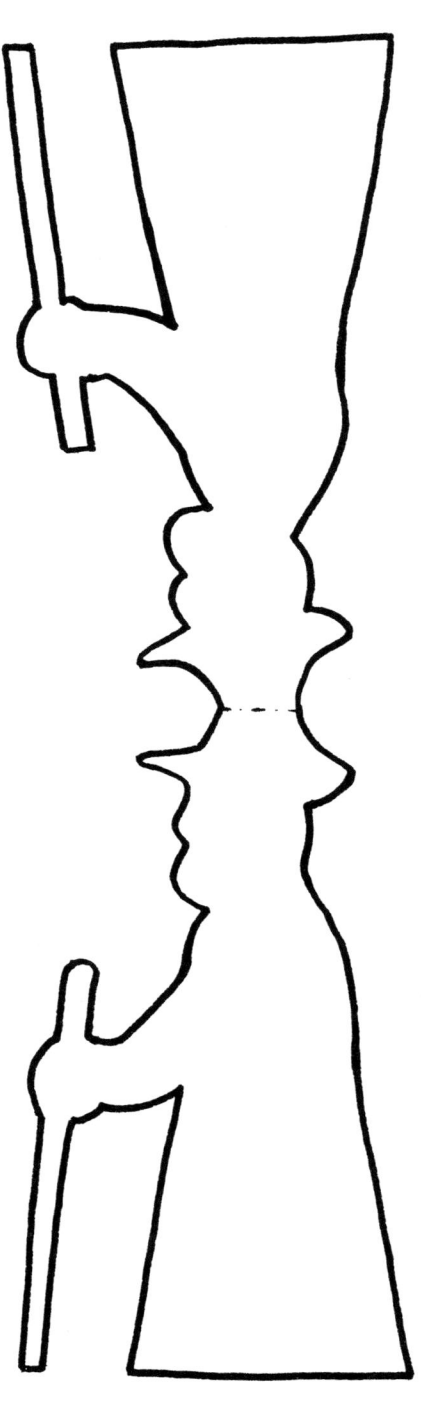

Vorlagen für die Krippenfiguren.
Du kannst die Figuren auch
farbig bekleben.